SCIENCE MAGIQUE

Gaby Waters
Illustrations: Graham Round
Maquette: Kim Blundell
Traduction: Katherine Folliot

Table des matières

Conseillers techniques:
Julie Fitzpatrick et Alan Alder

Scholastic-TAB Publications Ltd.,
123 Newkirk Road, Richmond Hill, Ontario, Canada

Introduction

Dans ce livre tu trouveras de nombreux tours à faire à tes amis et beaucoup d'expériences très amusantes, dont les résultats te sembleront aussi magiques que scientifiques.

Toutes ces expériences sont sans danger.

Certaines font des saletés.

Certaines expériences font du bruit.

Fais seulement ces tours à des amis volontaires.

Dans quelques cas tu auras peut-être besoin de l'aide d'un adulte.

La bande des monstres a testé toutes les expériences. Sur cette page tu peux voir certains des monstres au travail.

2

Comment faire les expériences

La solution des problèmes se trouve page 31.

Les monstres te montreront comment faire chaque expérience avec des explications simples et faciles à suivre.

L'explication scientifique de chaque expérience t'aidera à comprendre comment et pourquoi elle marche.*

Tu trouveras aussi d'autres idées à essayer et des problèmes à resoudre.

Equipement et matériel

Les expériences décrites ne nécessitent qu'un équipement simple et un matériel facile à assembler. Tu en trouveras la plus grande partie chez toi et tu pourras acheter ce qui te manque au super-marché de ton quartier.

Pots de yaourt

Colorants alimentaires

Épingles et clous

Trombones

Punaises

Cure-dents

Aimants

Pâte à modeler

Bouchons

Bouteilles en plastique

Commence dès maintenant à rassembler ton matériel. Voici quelques exemples d'objets qui pourront t'être utiles.

*Tu trouveras des explications supplémentaires plus détaillées page 30.

Mystère des sensations

Gouttonez fait faire d'étranges tests à ses amis pour étudier leurs sensations. Trouve une victime consentante pour faire la même chose et compare tes résultats à ceux de Gouttonez.

Le test de la pince

1

2 A certains endroits Exo sent les deux bouts de la pince, à d'autres un seul.

3

4 Les mains d'Exo sont très sensibles, surtout le bout de ses doigts.

Je sens les deux branches.

D'abord Gouttonez bande les yeux de son ami Exo pour qu'il ne puisse rien voir.

Il touche Exo avec une pince (tantôt avec une branche, tantôt avec les deux) et il lui demande de dire ce qu'il ressent.

Il note la position de chaque toucher sur une image d'Exo, (points rouges pour les réponses justes, points bleus pour les mauvaises réponses).

La peau d'Exo est le plus sensible là où il ressent les deux bouts de la pince.

As-tu les pieds sensibles?

Comme les monstres, beaucoup de gens ont les pieds très sensibles. Mais la sensibilité des pieds diffère de celle des mains. Si tu fais le test de la pince sur la plante de tes pieds, tu verras en quoi.

4

Gouttonez détective

Les parties du corps les plus sensibles sont les plus tactiles, comme le démontre Gouttonez dans ce jeu de détection.

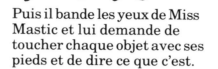

Pour commencer Gouttonez rassemble des objets différents de forme et de contact.

Puis il bande les yeux de Miss Mastic et lui demande de toucher chaque objet avec ses pieds et de dire ce que c'est.

Essaie de faire la même chose. Tu verras comme c'est difficile. Si on touche les objets avec les mains, c'est bien plus facile.

Les effets du froid

Gouttonez a très, très froid. Il ne sent plus le bout de ses doigts et il a du mal à fermer sa fermeture-éclair.

Il en déduit que le froid altère le sens du toucher. Pour en juger, fais les tests suivants.

Test du pincement

Refroidis une de tes mains en la mettant pendant quelques minutes sur un paquet de surgelés ou dans un bol rempli de glaçons.

Demande à quelqu'un de te pincer un doigt à chaque main. Lequel fait le plus mal? Selon Fouillis, c'est celui qui a une température normale.

Test de l'épingle

Essaie de ramasser une épingle avec la main que tu as refroidie. Comme le constate Fouillis, c'est extrêmement difficile car le froid empêche les doigts de "sentir" l'épingle.

Illusions d'optique

Tes yeux te jouent parfois des tours. Ils voient des choses qui n'existent pas. C'est ce que l'on appelle des illusions d'optique.

Glauque croit que les lignes rouges sur ce dessin sont courbes. Est-ce vrai?

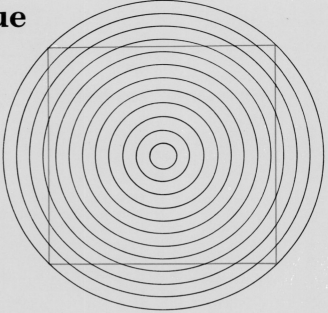

Si tu places une règle sur les lignes rouges, tu verras qu'elles sont droites. L'oeil est dérouté par les lignes noires qui donnent l'impression que les rouges sont courbes.

Trompe-l'oeil

Regarde bien, puis vérifie avec une règle. Tes yeux t'ont-ils trompé?

La ligne bleue est-elle plus longue que la verte ou sont-elles de la même taille?

Les lignes vertes sont-elles de la même longueur ou celle du haut est-elle plus longue?

Les lignes rouges sont-elles parallèles? (Des lignes parallèles ne se rencontrent jamais.)

Confusion des couleurs

Les couleurs aussi peuvent tromper l'oeil. Les couleurs vives donnent une plus grande impression d'étendue que les couleurs ternes et foncées car elles reflètent la lumière alors que les autres l'absorbent. Fais faire le test des couleurs à tes amis.

1 Pour dessiner un rond, fais un tracé autour d'un verre.

2 Le rond jaune paraît plus grand. En fait ils sont de la même taille.

3 Quel rond paraît plus grand?

Découpe deux ronds en papier exactement de la même grandeur. Colorie l'un en jaune et l'autre en marron.

Fixe les deux ronds au mur.* Puis demande à tes amis d'aller à l'autre bout de la pièce et de te dire lequel paraît le plus grand.

Fais la même expérience avec d'autres couleurs. Tu verras que les couleurs vives et claires paraissent plus étendues que les couleurs sombres et ternes.

La couleur des vêtements

Certains monstres pensent que les couleurs foncées les font paraître minces et les couleurs claires les font paraître gros. Observe les gens autour de toi pour voir ce qu'il en est.

*Demande d'abord la permission, car cela pourrait abîmer le mur.

Graines magiques

Les jumeaux Affreux ont découvert qu'on peut faire pousser de superbes plantes avec de simples haricots et autres graines utilisées en cuisine. Tu peux voir ici les graines qu'ils ont trouvées dans le placard de leur cuisine et qu'ils ont fait pousser.

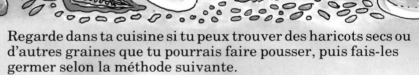

Graines d'épices et d'aromates, telles que le coriandre, l'aneth ou la moutarde.

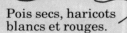

Pois secs, haricots blancs et rouges.

Regarde dans ta cuisine si tu peux trouver des haricots secs ou d'autres graines que tu pourrais faire pousser, puis fais-les germer selon la méthode suivante.

Germination

Mets une étiquette sur chaque pot.

Jojo fait tremper des pois secs dans un pot pendant toute une nuit. Puis il les enfouit dans un pot de yaourt rempli de terre. Coco sème les graines plus petites dans du coton imbibé d'eau ou dans très peu de terre. Ils s'assurent tous les deux que le coton et la terre sont à un degré d'humidité constant.

Certaines graines font des pousses au bout d'un jour ou deux. D'autres germent très lentement. Quelques-unes ne germent pas du tout.* Que font les tiennes?

*Certains haricots et pois secs destinés à la consommation sont traités pour les empêcher de germer.

A essayer

Certains légumes ont aussi des graines. Essaie d'en planter.

Jojo et Coco font un festin de fruits puis ils plantent les pépins et les noyaux des fruits qu'ils ont mangés. Imite-les.

Glauque sème des graines pour oiseaux. Tante Glapy trouve cela idiot. Et toi, qu'en penses-tu? Fais le pour voir.

Comment poussent les graines

1 Jeune pousse

Ce haricot a été trempé dans de l'eau puis coupé en deux.

Réserve alimentaire

Toute graine contient un germe et une réserve alimentaire destinée à nourrir la pousse au début de sa croissance.

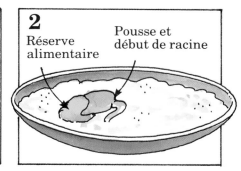

2 Réserve alimentaire

Pousse et début de racine

On peut faire germer une graine dans du coton parce qu'elle contient une réserve alimentaire. Une fois germée, la plante cherchera ses propres aliments dans le sol.

3

Toute graine a besoin de chaleur et d'humidité. Certaines ont besoin de beaucoup de chaleur pour se mettre à germer.

Savais-tu que . . .?

Au sec, les graines peuvent rester en vie pendant des années. Dans le désert, les graines attendent longtemps dans le sol qu'il y ait assez d'eau pour germer, et après une averse, les fleurs du désert fleurissent d'un seul coup.

4

Si tes graines ont du mal à germer, mets-les dans un endroit chaud, comme par exemple un placard à faire sécher le linge.

9

Fleurs-phénomènes

Étonne tes amis en créant des fleurs aux couleurs étranges, comme les fleurs bleues et vertes de Glauque.

Pour cela il te faudra un bocal, des colorants, de l'eau et des fleurs blanches comme, par exemple, des oeillets.

Préparation

1

Verse de l'eau et quelques gouttes de colorant au fond d'un bocal. Puis mets les fleurs dans le bocal.

2

1 JOUR   3 JOURS

Après un jour ou deux, des taches de couleurs pointent sur les pétales. En 2 ou 3 jours, les fleurs changent complètement de couleur.

Explication

Les fleurs à tige courte changent plus vite de couleur que celles à tige longue. Devines-tu pourquoi? Réponse page 31.

Les fleurs aspirent l'eau par leur tige. Normalement on ne voit pas l'eau passer de la tige aux feuilles et aux pétales mais le colorant, lui, se voit sur les pétales blancs.

Les plantes et le sol

Les plantes aspirent l'eau du sol avec leurs racines et leur tige. Cette eau contient des sels minéraux dont elles se nourrissent.

L'eau monte par les petits vaisseaux de la tige jusqu'aux feuilles et aux pétales.

Les racines vont loin dans le sol pour trouver de l'eau.

L'expérience du céleri

Certaines plantes, comme le céleri, ont des vaisseaux très visibles le long de leur tige. Fais l'expérience du céleri avec Exo.

1

L'assistant d'Exo remplit le fond du bocal avec de l'eau colorée. Exo y plonge un morceau de céleri.

2

Exo inspecte le céleri toutes les heures pour voir la progression de l'eau colorée dans les vaisseaux du céleri. Son assistant note la progression sur son carnet.

3

Exo coupe le céleri en tranches et peut clairement voir les vaisseaux grâce aux points colorés.

Cuisine magique

Gouttonez fait la cuisine. Avec des oeufs, du sucre en poudre et un peu de colorant alimentaire il fait des meringues bleues phénoménales.

Les monstres croient qu'il s'agit là de magie, mais Gouttonez leur explique que c'est en fait de la science. Suis sa recette pour en décider.

Est-ce de la magie?

2 heures et demie plus tard, les volutes sont métamorphosées en meringues croustillantes. Voici comment.

Quand on bat des blancs d'oeuf, les bulles d'air qui s'y mélangent forment une mousse.

La chaleur du four fait dilater les bulles et gonfler la mousse. Elle provoque aussi une transformation chimique appelée "coagulation" qui fait durcir les blancs d'oeuf.

1

Gouttonez demande à Tante Glapy de règler le four à basse température, 110° (ou gaz ¼).

2

Ce n'est pas très facile.

Il casse 4 oeufs et sépare les blancs des jaunes. Si tu n'y arrives pas, demande à un adulte de t'aider.

3

Il bat les blancs dans un grand bol jusqu'à ce qu'ils soient fermes et blancs comme neige.

4

Quand les blancs sont bien fermes, il y ajoute 220g de sucre en tournant doucement et Mauviette ajoute quelques gouttes de colorant.

5

Avec une cuiller il moule le mélange en forme de volutes qu'il dépose sur une plaque bien graissée et met au four pendant 2 heures et demie.

Comment cuit un gâteau

C'est la chaleur du four qui transforme le mélange de beurre, sucre, oeufs et farine en gâteau.

Une partie de l'eau contenue dans le mélange s'évapore.

La chaleur fait durcir le gluten contenu dans la farine et coaguler le blanc d'oeuf.

Les minuscules bulles d'air contenues dans la pâte gonflent; cela fait lever le gâteau et le rend léger.

Les déboires de Bobo le Borgne

Mon gâteau est tout plat.

Le gâteau de Bobo le Borgne est raté. Il n'a pas levé. Bobo a bien suivi la recette mais il a constamment ouvert la porte du four pendant la cuisson. Devines-tu ce qui s'est passé? Tu trouveras la réponse page 31.

A propos d'oeufs

Demande à un adulte de t'aider à faire cuire un oeuf sur le plat ou un oeuf poché. Tu le verras coaguler (passer de l'état liquide à l'état solide). Quelle partie de l'oeuf coagule en premier?

Dans les climats très chauds les oeufs coagulent à la simple chaleur du soleil.

Jeux d'ombres

Les monstres sont captivés par les ombres chinoises de Bobo le Borgne. Si tu suis bien ce qu'ils font sur cette page, tu pourras toi aussi faire des jeux d'ombres.

Il te faudra une lampe de poche assez puissante.

Pour faire des ombres qui bougent remue les mains.

Comme écran tu peux utiliser un mur blanc ou du papier blanc collé à une planche.

La pièce doit être totalement obscure.

Pour faire des silhouettes découpe des formes dans du carton et attache-les à des bâtonnets de bois.

Ombres-fantômes

Les nuits où il fait très noir, Glauque fait peur à ses amis en projetant des ombres-fantômes sur leurs fenêtres. Regarde ci-dessous comment il fait.

1

D'abord il fixe du papier blanc sur la fenêtre (à l'extérieur) et il l'éclaire avec sa lampe de poche.

2

Son assistant gesticule ensuite de façon terrifiante devant le faisceau lumineux.

3

Les monstres qui sont à l'intérieur, dans le noir, se croient hantés par un fantôme.

D'ou viennent les ombres?

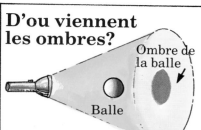

Ombre de la balle

Balle

Les ombres se forment quand la lumière est arrêtée par des objets. La lumière se propage en lignes droites. Chaque ligne est un rayon. Ces rayons ne peuvent pas contourner les objets situés sur leur passage. Les objets qui interceptent la lumière sont dits "opaques".

Comment agrandir les ombres?

Si tu rapproches la lampe de l'objet, celui-ci interceptera davantage de lumière et l'ombre sera plus grande.

Comment rapetisser les ombres?

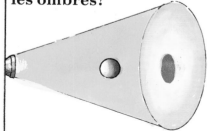

Si tu éloignes la lampe de l'objet, il interceptera moins de lumière et l'ombre rapetissera.

Ombres mystérieuses

Les objets transparents projettent une ombre très faible parce que la plupart des rayons lumineux les traversent. Gouttonez fait des ombres étranges et mystérieuses avec des objets transparents.

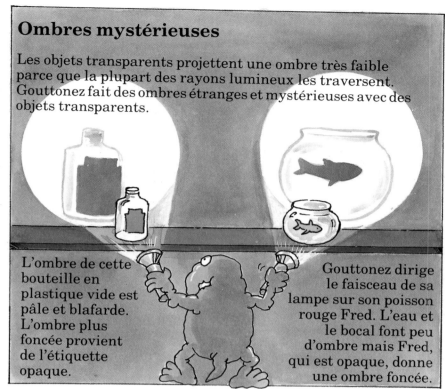

L'ombre de cette bouteille en plastique vide est pâle et blafarde. L'ombre plus foncée provient de l'étiquette opaque.

Gouttonez dirige le faisceau de sa lampe sur son poisson rouge Fred. L'eau et le bocal font peu d'ombre mais Fred, qui est opaque, donne une ombre foncée.

Enigme

Exo est au stade pour la coupe finale de football entre Monstres et Reptiles. Il ne comprend pas pourquoi chaque joueur a quatre ombres. Peux-tu l'aider? La solution est page 31.

Aimants magiques

Les aimants ont d'étranges pouvoirs.
Ils attirent les choses comme par magie.
Découvre ici le secret des aimants et
de leur mystérieux pouvoir et amuse-toi,
comme les monstres, à faire les jeux et
les tours décrits dans ces deux pages.

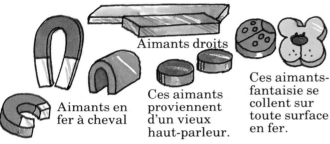

Aimants droits

Aimants en fer à cheval

Ces aimants proviennent d'un vieux haut-parleur.

Ces aimants-fantaisie se collent sur toute surface en fer.

Il y a des aimants de toutes les formes et de
toutes les tailles. On peut les acheter dans les
grands magasins, les drogueries ou les
magasins de jouets.

Pour savoir si un objet a des propriétés magnétiques, approche-le d'un aimant.

Les aimants attirent presque tous les métaux
ferreux. Tout ce qui est attiré par les aimants a
des propriétés magnétiques.

Les extrémités de l'aimant "attirent" le plus fort.

On peut constater la force d'attraction d'un
aimant quand on l'approche d'une épingle ou
d'un clou. Quelle partie de l'aimant "attire" le
plus fort?

Certains aimants sont plus forts que d'autres.

Les mini-monstres magnétiques

Glauque terrifie sa
Tante Glapy avec
ses mini-monstres
magnétiques. Fais
toi aussi frémir tes
amis en imitant ce
que fait Glauque
sur la page de
droite.

Problèmes d'aimants

Essaie de résoudre ces deux problèmes. Leur
solution se trouve page 31.

Essaie de retirer un
trombone d'un verre
d'eau sans y plonger
quoi que ce soit ni
renverser le verre.

Glauque a renversé
la boîte dans laquelle
Tante Glapy met des
épingles et des
boutons en plastique.
Il a 30 secondes pour
les trier. Comment
faire?

Fabrique un petit monstre en pâte à modeler et enfonce une punaise en dessous.

L'aimant agit sur la punaise en métal à travers le plateau.

Aimant

Pose le monstre sur un plateau et place l'aimant juste en dessous. Si tu déplaces l'aimant, le monstre bougera.*

Si tu attaches l'aimant à un long bâtonnet, tu pourras faire marcher le monstre à distance.

Requins et crevettes

Pour jouer aux "Requins et Crevettes", découpe 6 requins et beaucoup de crevettes dans du papier, attache un trombone à chaque forme découpée et mets-les dans une boîte.

Requin   Crevette

Les joueurs pêchent avec un aimant au bout de leur ligne. Ceux qui attrapent un requin sont eliminés. Celui qui prend le plus de crevettes gagne.

A savoir

Les extrémités d'un aimant s'appellent des pôles. L'un s'appelle le pôle nord, l'autre le pôle sud. Si tu possèdes deux aimants, essaie de les mettre bout à bout.

Si les extrémités s'attirent, cela signifie que l'une est pôle nord et l'autre est pôle sud.

Si elles se repoussent, cela signifie que les pôles sont de même nature.

A essayer

Si on fait flotter un aimant dans une cuvette, l'une de ses extrémités se dirige vers le Nord. C'est pour cela qu'on l'appelle pôle nord (et l'autre pôle sud).

Mets l'aimant dans un récipient en plastique.

*Si le monstre bouge mal, utilise un aimant plus fort ou un plateau moins épais.

Tours de passe-passe

Bobo le Borgne a trouvé le moyen de rendre les choses invisibles. Pour faire ce tour de passe-passe, il te faudra un écran-filtre coloré dont la fabrication est expliquée ci-contre.

Un papier de bonbon en cellophane fera très bien l'affaire.

1 Prends un morceau de cellophane ou de film-plastique transparent jaune.

2 Découpe dans du carton un cadre à peine plus grand que la cellophane.

3 Fixe la cellophane au cadre avec de la colle ou du papier collant.

Fenêtres escamotables

Pourquoi les fenêtres ont-elles disparu?

L'écran-filtre jaune donne une couleur jaune aux murs blancs de sorte que les fenêtres jaunes ne ressortent plus sur les murs: elles ne sont plus visibles.

Certaines fenêtres ont disparu. Maintenant il n'y en a plus que 17.

Sur cette image du nouvel igloo de Peski Mo il y a 21 fenêtres. Regarde maintenant l'igloo à travers ton écran-filtre jaune et re-compte les fenêtres.

Fabrique un écran-filtre rouge et regarde à nouveau l'image. Combien y a-t-il de fenêtres cette fois?

Message secret

Recopie ce message sur du papier blanc. Trace les lettres entourées d'un cercle avec un crayon jaune et les autres avec des crayons de couleurs différentes. Puis lis le tout à travers le filtre.

DÉFENSE DE (SE) PENCHER (PAR) LA FENÊTRE.

Les lettres écrites en jaune disparaissent, ce qui transforme complètement le message.

Tu peux inventer tes propres messages secrets.

Comment fonctionne un écran-filtre

La lumière blanche est en réalité composée des nombreuses couleurs que l'on voit parfois dans les arcs-en-ciel.

Les écrans-filtres séparent ou "filtrent" ces couleurs et ne laissent passer que la couleur identique à la leur.

Fais cette expérience avec des écrans-filtres de couleurs différentes.

Les écrans-filtres donnent aux objets blancs la même couleur que la leur. Ils transforment aussi la teinte des objets colorés.

Le filtre rouge de Gouttonez ne laisse passer que la lumière rouge: le noeud papillon de Glauque paraît rouge mais son corps noir!

L'étrange accident de Glauque

Glauque vient d'emboutir malencontreusement une voiture de police-monstre. Il affirme ne pas avoir vu le feu rouge. Devines-tu pourquoi? Tu trouveras la réponse page 31.

La magie des sons

Les monstres s'amusent à produire des sons enchanteurs avec des objets de la vie quotidienne.

Essaie d'en faire autant. Expérimente aussi avec d'autres objets que tu trouveras chez toi.

Tape sur une table avec un couteau peu tranchant. Tu l'entendras bourdonner.

Fais ployer un grand morceau de carton d'avant en arrière.

Suspends des couverts ou un couvercle de casserole à une ficelle et frappe les avec une cuiller.

Demande à une grande personne de faire ployer une scie: cela fait un bruit étrange. Ne fais pas cela tout seul.

Si on frotte légèrement le bord d'un verre à pied avec un doigt mouillé, le verre émet un curieux tintement.

L'origine des sons

Les sons sont produits par des déformations régulières des objets appelées vibrations.

Beaucoup d'objets tout à fait ordinaires produisent des sons quand on les fait vibrer.

On voit la lame du couteau vibrer.

On ne voit pas l'air vibrer.

Quand un objet vibre, il fait vibrer l'air qui l'entoure. Ces vibrations se propagent et

quand elles atteignent ton oreille, tu perçois un son.

Fréquence du son

On peut rendre un son plus aigu ou plus grave en changeant la vitesse ou "fréquence" des vibrations. Une vibration rapide produit un son aigu, une vibration lente un son grave.

Tu peux le constater en faisant ployer une feuille de carton plus ou moins vite.

Fais vibrer un élastique puis étire-le et fais-le vibrer à nouveau. Tu verras que plus il est tendu, plus il vibre vite et plus le son qu'il produit est aigu.

Le piano magique de Glauque

Glauque chante une note dans la partie supérieure du piano et appuie sur la pédale de droite. Les autres monstres sont intrigués. Dès qu'il s'arrête, le piano joue la même note. Si tu as un piano, essaie de faire la même chose.

Que se passe-t-il?

Glauque et le piano émettent la même note. Lorsque Glauque chante, la corde se met à vibrer à l'unisson. C'est ce que l'on appelle la résonnance.

Le verre sonore de Tante Glapy

Tante Glapy essaie de faire résonner un verre à pied. Observe ce qu'elle fait et tente d'en faire autant.

1 Tante Glapy fait tinter le verre avec son ongle pour voir quel son il produit.

2 Puis elle essaie de chanter une note identique à ce son. Si elle y parvient, le verre se met à résonner.

3 C'est très difficile à faire.

Si elle chante très fort, le verre peut se mettre à vibrer tellement fort qu'il se casse.

La potion violette

Les monstres sont intrigués par la potion violette de Miss Mastic. Quand on la mélange à d'autres substances, elle change de couleur.

Tu peux découvrir le secret de la potion violette à la page suivante. Pour la préparer voici comment faire.

Changements de couleur

Miss Mastic verse un peu de potion violette dans 2 petits bocaux puis ajoute une petite cuillérée de vinaigre au bocal de gauche et une petite cuillérée de levure à celui de droite.

Recette

1

Coupe la moitié d'un chou rouge en morceaux. Mets-les dans une casserole avec de l'eau froide.

2

Mets la casserole sur le feu et fais bouillir pendant 5 minutes. 1 et 2: fais-toi aider par un adulte.

3

Quand tout a refroidi, sépare le chou du liquide avec une passoire.*

Le liquide change presque immédiatement de couleur: dans le bocal de gauche la potion vire au rose, dans celui de droite elle devient verte.

*C'est du liquide que tu as besoin et non du chou. Tu peux donc manger celui-ci si tu en as envie.

Pourquoi la potion change-t-elle de couleur?

La potion violette est un "indicateur" coloré. Elle prend une couleur différente selon le type de solutions avec lequel on la mélange (solutions acides ou basiques).

Le vinaigre étant acide fait virer la potion au rouge. La levure étant basique la fait virer au vert.

Lait   Boisson gazeuse   Jus de citron vert

Denti-frice

Yaourt

Cristaux de soude

Sel   Savon

Jus de citron

Levure

Thé fort

Voici quelques examples de substances acides et basiques qu'on utilise tous les jours. Essaie de trouver à quel type chacune appartient comme le fait Gouttonez ici à droite.

Tu peux noter les résultats de chaque test dans ton carnet.

Gouttonez met un peu de chaque substance dans de la potion violette. Les acides font virer la potion au rouge ou au rose, les bases au vert ou au bleu.

Mélange acide-base

Devine ce qui arrive à la potion violette si on la mélange à un acide et à une base en même temps. Essaie pour voir.

Si tu mets un peu de jus de citron (acide) dans de la potion violette, elle tourne au rose, mais si tu y ajoutes des cristaux de soude (basiques) elle redevient violette. Pourquoi? Parce que le mélange n'est plus ni acide ni basique. On dit qu'il est neutre.

Savais-tu que . . .?

Le venin d'abeille étant acide, on peut calmer les piqûres d'abeille en les frottant avec du bicarbonate de soude (basique).

Jeux d'équilibre

As-tu jamais tenté de marcher sur une planche ou sur un mur étroit, les bras collés au corps? C'est ce que les monstres essayent de faire. C'est très difficile. Essaie.

Si tes mains ne restent pas collées à tes côtés, tu dois recommencer.

C'est beaucoup plus facile de marcher les bras écartés. Cela donne plus d'équilibre. L'écartement des bras répartit mieux le poids du corps sur les pieds.

Notions d'équilibre

Quand un objet est en équilibre on dit qu'il est stable. Il ne bascule pas facilement. Les objets larges et bas sont plus stables que les objets hauts et étroits.

Parmi ces objets certains sont plus stables que d'autres. Lesquels? Pour le savoir, essaie de les renverser.

Comment stabiliser les objets

On peut augmenter la stabilité d'un objet en élargissant sa base. Si tu fixes un morceau de carton à la base d'un tube en carton, celui-ci se renversera moins facilement.

On peut aussi stabiliser les objets en alourdissant leur base. Si on met de l'eau dans une bouteille en plastique, elle tombe moins facilement.

Devinettes

L'automobile de Tante Glapy

LE BUS AUTOMONSTRE

Le deux-roues de Coco

L'engin de course de Gouttonez

Parmi tous ces véhicules lequel est le plus stable? Tu trouveras la réponse page 31.

Lequel de ces deux bateaux a le plus de chances de se renverser?

Pomme de terre équilibriste

1

Elle ne peut pas tenir debout.

Transforme une pomme de terre en monstre avec des cure-dents (bras et jambes) et des punaises (yeux).

2 Recourbe le fil de fer comme ceci.

Pique dans la pomme de terre un fil de fer lesté à son autre bout avec une pomme de terre plus grosse.

3

Mets le monstre sur une étagère. Il restera debout et se balancera d'avant en arrière.

Pourquoi reste-t-elle debout?

Elle reste d'aplomb parce que sa partie la plus lourde (la plus grosse pomme de terre) est située au-dessous du point d'équilibre (pieds-cure-dents).

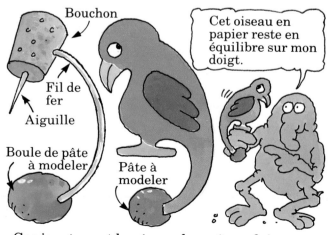

Bouchon

Fil de fer

Aiguille

Boule de pâte à modeler

Pâte à modeler

Cet oiseau en papier reste en équilibre sur mon doigt.

Ces jouets sont basés sur les mêmes lois de l'équilibre. Essaie de les construire.

Reflets et images

Quand tu te regardes dans la glace tu y vois ton image. On voit aussi des images et des reflets dans l'eau, sur les vitres et sur toutes les surfaces brillantes.

Comme presque tous les prestidigitateurs, Glauque se sert de reflets et d'images pour ses tours de magie. Essaie de faire le tour de la bougie expliqué ci-contre.

Glauque pose une bougie allumée devant une fenêtre, de sorte que la flamme se reflète sur la vitre.

Il sort avec une bougie non-allumée et Mauviette lui indique où la placer pour qu'elle paraisse allumée.

Glauque met un doigt sur la mèche de la bougie éteinte, mais les monstres, à l'intérieur, croient que son doigt est dans la flamme.

L'appareil de détection de Glauque

Glauque se sert d'un périscope pour voir dans les coins et par-dessus les clôtures. Essaie d'en fabriquer un comme le sien.

Matériel.

Un morceau de carton de 55cm de long sur 35cm de large, deux miroirs de poche de 9cm de long sur 6cm de large, des ciseaux, de la colle et du papier collant.

Trace des lignes à très exactement 5cm de distance les unes des autres pour faire un quadrillage, comme sur ce dessin. Puis ajoute les lignes rouges et vertes et les cercles rouges.

Jeux de miroirs

On peut faire des choses surprenantes avec des miroirs, grâce au fait qu'ils reflètent tout à l'envers.

Le reflet de Dédé Traviole dans la glace est différent de sa photo.

Cache ton oeil gauche et regarde toi dans la glace. Quel oeil y apparaît caché?

Tiens ce livre devant la glace. Tu ne peux plus le lire. Pourquoi?

Glauque a imité l'ambulance: il a peint le nom de sa voiture à l'envers sur son capot. Sais-tu pourquoi?*

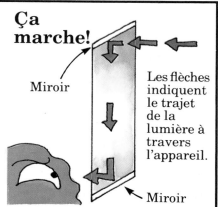

2 Coupe le long des lignes rouges. Puis découpe les deux cercles rouges.

3 Plie le long des lignes vertes pour faire un tube carré et colle les côtés.

4 Fixe un miroir (tourné vers l'intérieur) à chaque bout du tube.

Miroir

Ça marche!

Miroir

Miroir

Les flèches indiquent le trajet de la lumière à travers l'appareil.

Le miroir du haut réfléchit la lumière qui se propage dans le tube. Celui du bas la réfléchit vers ton oeil.

*Tu trouveras l'explication page 31.

Couler et flotter

Bobo le Borgne a promis un tour de radeau au premier monstre qui fera flotter une boule de pâte à modeler.

Les monstres n'y arrivent pas. Et toi, peux-tu y arriver? Voici des explications qui te feront comprendre comment et pourquoi les choses flottent.

Explications

1	2	3	4

3 Tu peux sentir cette poussée ascendante à la piscine: si tu écartes les bras ils se soulèvent tout seuls.

1 Quand on met un corps dans l'eau, ce corps déplace l'eau et prend sa place. La baignoire de Glauque déborde parce qu'il a pris la place de l'eau.

2 Ce qui est gros déplace plus d'eau que ce qui est petit. Plouf est plus gros que Glauque: il déplace donc plus d'eau que lui.

3 Le déplacement de l'eau provoque une poussée ascendante dont l'intensité dépend du volume d'eau déplacé.

4 Ce morceau de pâte à modeler coule. Comme il est petit et déplace peu d'eau, la poussée ascendante est trop faible pour le faire flotter.

L'oeuf magique de Glauque

Glauque met un oeuf dans un bocal rempli d'eau. L'oeuf coule.

S'il met l'oeuf dans un autre bocal celui-ci flotte comme par magie.

Secret de l'oeuf magique

Pour faire de l'eau salée, mets 8 grandes cuillérées de sel dans ½ litre d'eau chaude et mélange.

Ces bocaux contiennent des liquides différents. La poussée ascendante, appelée poussée d'Archimède, n'est donc pas la même pour chaque. Le bocal de gauche contient de l'eau ordinaire. Celui de droite contient de l'eau très salée. La poussée de cette eau étant supérieure à celle de l'autre, tout y flotte mieux.

5

Donne au morceau de pâte à modeler la forme d'une coupe. Son volume étant plus grand, il déplacera plus d'eau et pourra flotter.

Savais tu que . . .?

En haute mer

Sur la rivière des Reptiles

L'eau de mer, étant salée, a une poussée d'Archimède plus forte que l'eau douce. C'est pourquoi le vaisseau-pirate de Bobo le Borgne flotte plus haut sur l'eau quand il est en mer que lorsqu'il navigue sur la rivière des Reptiles.

Explications supplémentaires

Les explications données dans ce livre sont simplifiées au maximum. Les notes qui suivent sont destinées à ceux qui désirent fournir des explications plus détaillées aux enfants plus âgés.

Pages 16–17

Les aimants attirent le fer et l'acier, ainsi que certains alliages contenant ces métaux. L'aiguille aimantée n'indique pas la direction du Pôle Nord géographique mais celle d'un point situé au nord du Canada que l'on appelle le pôle nord magnétique.

Pages 18–19

La lumière blanche est constituée de diverses couleurs que l'on classe généralement en sept. Ce sont les 7 couleurs du spectre: rouge, orange, jaune, vert, bleu, indigo et violet.

La couleur des objets dépend des couleurs de la lumière qu'ils absorbent ou qu'ils réfléchissent. Ainsi un objet rouge absorbe toutes les couleurs de la lumière, sauf le rouge qu'il réfléchit. Un objet blanc réfléchit toutes les couleurs, un objet noir les absorbe toutes.

Un filtre coloré laisse seulement passer la couleur identique à la sienne. Ainsi, un filtre vert laisse passer la lumière verte mais arrête toutes les autres couleurs. Quand on regarde un objet rouge à travers un filtre vert, le rouge est arrêté. Aucune lumière ne passe à travers le filtre, de sorte que l'objet paraît noir.

Les trois couleurs fondamentales de la lumière sont le rouge, le vert et le bleu. Les autres couleurs sont dues à la superposition de ces couleurs de base. Cette interaction ne produit pas les mêmes effets que le mélange des couleurs en peinture. Si on mélange de la peinture verte et de la peinture rouge, par exemple, on obtient du marron alors que la superposition de lumière verte et de lumière rouge donne du jaune.

Si on regarde un objet jaune à travers un filtre vert, il paraît vert. Pourquoi? Parce que le jaune étant un mélange de rouge et de vert, seul le vert peut passer au travers du filtre vert: le rouge ne passe pas.

Pages 20–21

Les vibrations font vibrer l'air en provoquant des variations de pression sur ses molécules. Ces variations de pression se propagent par ondes à partir de la source.

La hauteur d'un son dépend de la fréquence des vibrations. Le nombre de vibrations par seconde est appelé "fréquence" et se mesure en Hertz (Hz). L'oreille humaine peut percevoir les sons dont la fréquence varie entre 20 (20 Hz) et 20.000 (20kHz) par seconde.

Pages 22–23

La potion violette de Miss Mastic est un indicateur coloré bien connu des chimistes-amateurs. On utilise un indicateur pour révéler la présence d'un acide ou d'une base dans une substance donnée.

Les chimistes utilisent le pH pour mesurer l'acidité d'une solution. Les solutions acides ont un pH compris entre 1 et 7 et les solutions basiques entre 7 et 14. Le pH des solutions neutres est 7.

Pages 24–25

Tous les objets à la surface de la terre sont attirés par la terre. On dit qu'ils ont un poids. Le poids est une force que l'on peut considérer comme agissant au centre de gravité de l'objet.

Plus le centre de gravité d'un objet est bas, plus l'objet est stable. On peut augmenter la stabilité d'un objet en abaissant son centre de gravité (on le leste) ou en élargissant la zone de contact avec le sol (polygone de sustentation).

Un objet se renverse lorsque son centre de gravité n'est plus au-dessus du polygone de sustentation. C'est ce qui arrive à un crayon si on essaie de le faire tenir debout sur sa pointe. C'est aussi ce qui explique pourquoi il est si difficile de marcher sur un mur étroit sans écarter les bras du corps.

Pages 26–27

Un rayon lumineux incident se réfléchit sur un miroir en donnant un rayon réfléchi qui fait avec le miroir un angle égal à celui que fait le rayon incident.

Ainsi, dans le périscope, les rayons incidents horizontaux donnent des rayons verticaux après réflexion sur le premier miroir, puis des rayons horizontaux après réflexion sur le second miroir. Ils sont ensuite reçus par l'oeil.

Pages 28–29

La poussée verticale ascendante exercée sur un corps placé dans un liquide est égale au poids du liquide déplacé par ce corps. C'est le principe d'Archimède. Un objet déplace le même volume de liquide, que ce soit de l'eau salée ou de l'eau douce, mais l'eau salée étant plus dense (plus lourde), la poussée d'Archimède y est plus forte.

Solutions

Page 10

Les fleurs à tige courte changent plus vite de couleur parce que l'eau colorée a moins de distance à parcourir pour arriver aux pétales.

Page 13

Le gâteau de Bobo le Borgne est tout aplati parce qu'il a ouvert la porte du four pendant la cuisson et y a fait rentrer de l'air froid qui a empêché les bulles d'air de gonfler.

Page 15

Les joueurs ont 4 ombres à cause des projecteurs. Il y a 4 projecteurs, situés au 4 coins du stade et chaque projecteur produit une ombre.

Page 16

1. Pose un aimant sous le verre et fais-le doucement glisser sur les côtés, jusqu'au bord. Si l'aimant est assez fort il sortira le trombone de l'eau.
2. Si Glauque passe un aimant au-dessus des épingles et des boutons, l'aimant attirera les épingles mais laissera les boutons sur le sol (Glauque devra les ramasser à la main).

Page 19

Les verres des lunettes vertes de Glauque laissent seulement passer la lumière verte. Ils arrêtent la lumière rouge du feu rouge, de sorte que Glauque le voit noir.

Page 25

1. L'engin de course de Gouttonez est le plus stable car sa base est large et son centre de gravité peu élevé.
2. La famille Glauque se tient debout dans le bateau, ce qui risque de le faire chavirer car son centre de gravité est trop haut. Le bateau de Bobo est plus stable car Bobo est assis, de sorte que le centre de gravité est plus bas.

Page 27

Vu dans un rétroviseur, le nom écrit sur le capot de la voiture de Glauque apparaît dans le bon sens.

Le mot AMBULANCE est écrit à l'envers sur les ambulances pour avertir les autres automobilistes de leur présence. Quand ceux-ci voient le mot dans leur rétroviseur, ils se garent pour laisser passer l'ambulance.

Index

Copyright © Usborne Publishing Ltd., 1987. Tous droits réservés. ISBN 0 590 73041 X

Titre original: Science Tricks and Magic

Édition publiée par Scholastic-TAB Publications Ltd., 123 Newkirk Road, Richmond Hill, Ontario, Canada L4C 3G5, avec la permission de Usborne Publishing Ltd.
Imprimé en Belgique